Sénèque

De la tranquillité de l' âme

Traduction
M. Charpentier -
F. Le maistre, 1860.

Copyright © 2021 Sénèque (domaine public)
Édition : BoD – Books on Demand, 12/14 rond-point des Champs-Élysées, 75008 Paris.
Impression : BoD - Books on Demand, Norderstedt, Allemagne.
ISBN : 9782322411757
Dépôt légal : janvier 2022
Tous droits réservés
Ce livre a été produit et maquetté par Reedsy.com

I

[1,1] « En portant sur moi-même un examen attentif, cher Sénèque, j'y ai trouvé quelques défauts apparents, exposés à tous les yeux, et que je pouvais toucher du doigt ; d'autres moins visibles, et cachés dans les replis de mon âme ; d'autres qui, sans être habituels, reparaissent par intervalles : ceux-là, je les appelle les plus fâcheux de tous, ennemis toujours changeant de place, épiant toujours le moment de vous assaillir, et avec lesquels on ne sait jamais s'il faut se préparer à la guerre ni se reposer en paix.

[1,2] « Il est toutefois pour moi un état habituel (car, pourquoi déguiserais-je quelque chose à mon médecin ?), c'est de n'être pas franchement délivré des vices qui étaient l'objet de mes craintes et de mon aversion, sans toutefois en être réellement atteint. Si je ne suis pas au plus mal, je suis du moins dans un état douloureux et désagréable : je ne suis ni malade, ni bien portant.

[1,3] N'allez pas me dire que, de toutes les vertus les commencements sont faibles, et qu'avec le temps elles acquièrent de la consistance et de la force. Je n'ignore pas que les avantages qu'on ne recherche que pour la montre, tels que la considération, la gloire de l'éloquence, et tout ce qui dépend des suffrages d'autrui, se fortifient avec le temps ; tandis que les vertus, qui donnent la véritable force, et les qualités, qui n'ont pour plaire qu'un éclat emprunté, ont besoin du cours des années, dont l'action impercep-

tible empreint les unes et les autres d'une couleur plus prononcée : mais je crains que l'habitude, qui consolide toutes choses, n'enracine plus profondément chez moi le défaut dont je me plains. Le long usage des bonnes comme des mauvaises pratiques conduit à les aimer.

[1,4] « Mon âme, ainsi partagée entre le mal et le bien, ne se porte avec force ni vers l'un ni vers l'autre ; et il m'est moins facile de vous exposer mon infirmité en masse qu'en détail. Je vous dirai les accidents que j'éprouve ; c'est à vous de trouver un nom à ma maladie.

[1,5] J'ai le goût le plus prononcé pour l'économie, j'en conviens ; je n'aime point l'appareil somptueux d'un lit, ni ces vêtements tirés d'une armoire précieuse, que la presse et le foulon ont fatigués pour leur donner du lustre, mais bien une robe de tous les jours, peu coûteuse, qui se garde et se porte sans crainte de la gâter.

[1,6] J'aime un repas auquel une troupe d'esclaves ne mette ni la main ni l'œil ; qui n'ait point été ordonné plusieurs jours d'avance, et dont le service n'occupe point une multitude de bras ; mais qui soit facile à préparer comme à servir, qui n'ait rien de rare ni de cher ; qui puisse se trouver partout, qui ne soit onéreux ni à la bourse, ni à l'estomac, et qu'on ne soit pas forcé de rendre par où on l'a pris.

[1,7] J'aime un échanson grossièrement vêtu, enfant de la maison ; j'aime la lourde argenterie de mon

père, honnête campagnard, laquelle ne se recommande ni par le travail ni par le nom de l'ouvrier ; je veux une table qui ne soit ni remarquable par la variété des nuances, ni célèbre dans la ville, pour avoir appartenu successivement à plus d'un amateur, mais qui soit d'un usage commode, sans occuper d'un vain plaisir les regards de mes convives, sans exciter leur convoitise.

[1,8] « Mais tout en aimant cette simplicité, mon esprit se laisse éblouir par l'appareil d'une jeune et belle élite qu'on dresse aux plaisirs du maître, par ces esclaves plus élégamment vêtus, plus chamarrés d'or que dans une fête publique, enfin par une nombreuse troupe de serviteurs éblouissants de magnificence. J'ai également plaisir à voir cette maison où l'on marche sur les matières les plus précieuses, où les richesses sont prodi- guées dans tous les coins, où tout, jusqu'aux toits, brille aux regards, où se presse un peuple de flatteurs, compagnons assidus de ceux qui dissipent leur bien. Que dirai-je de ces eaux limpides et transparentes qui environnent en nappe toute la salle des festins, et de ces repas somptueux, dignes du théâtre où ou les sert ?

[1,9] Moi, qui ai poussé jusqu'à l'excès ma longue frugalité, le luxe vient m'environner de tout son éclat, de tout son bruyant appareil. Mon front de bataille commence à plier ; et contre une telle séduction, il m'est plus facile de défendre mon âme que mes yeux. Je m'éloigne donc, non pire, mais plus triste ; et dans

mon chétif domicile, je ne porte plus la tête si haute ; une sorte de regret se glisse secrètement dans mon âme, enfin je doute si les objets que je quitte ne sont pas préférables : de tout cela rien ne me change ; mais rien qui ne m'ébranle.

[1,10] « Il me plait de suivre les mâles préceptes de nos maîtres, et de me lancer dans les affaires publiques ; il me plaît d'aspirer aux honneurs, non que la pourpre et les faisceaux me séduisent ; mais pour avoir plus de moyens d'être utile à mes amis, à mes proches et à tous mes concitoyens. Formé à l'école de ces grands maîtres, je suis Zenon, Cléanthe, Chrysippe ; si aucun d'entre eux n'a gouverné l'État, il n'est aucun ainsi qui n'y ait destiné ses disciples.

[1,11] « Survient-il quelque choc pour mon esprit peu accoutumé à lutter de front, survient-il quelqu'une de ces humiliations qu'on rencontre à chaque pas dans la vie, ou bien quelque affaire hérissée de difficultés, et sans proportion avec le temps qu'elle a pu demander, je retourne à mon loisir ; et, comme les chevaux, malgré leur fatigue, je double le pas pour regagner ma maison.

[1,12] J'aime à renfermer ma vie dans son véritable sanctuaire. Que personne ne me fasse perdre un jour, puisque rien ne peut compenser une si grande perte ; que mon âme se repose sur elle-même ; qu'elle se cultive elle-même ; qu'elle ne se mêle de rien qui lui est étranger, de rien qui la soumette au jugement

d'autrui ; que, sans aucun souci des affaires publiques ou privées, elle se complaise dans sa tranquillité.

[1,13] « Mais lorsqu'une lecture plus forte a élevé mon âme, et qu'elle se sent aiguillonnée par de nobles exemples, je veux m'élancer dans le forum, prêter à d'autres le secours de ma voix sinon toujours avec succès, du moins, avec l'intention d'être utile ; de rabattre en plein forum l'arrogance de tel homme que la prospérité rend insolent.

[1,14] « Dans les études, je pense qu'il vaut mieux assurément envisager les choses en elles-mêmes, ne parler que sur elles, surtout subordonner les mots aux choses, de manière que, partout où va la pensée, le discours la suive sans effort où elle le mène. Qu'est-il besoin de composer des écrits pour durer des siècles ? Voulez-vous donc empêcher que la postérité ne vous oublie ? Né pour mourir, ne savez-vous pas que les obsèques les moins tristes sont celles qui se font sans bruit. Ainsi, pour occuper votre temps, pour votre propre utilité, et non pour obtenir des éloges, écrivez d'un style simple ; il ne faut pas un grand travail à ceux qui n'étudient que pour le moment présent.

[1,15] Oui, mais lorsque par la méditation s'est élevé mon esprit, il recherche la pompe des expressions ; comme il a dressé son vol plus haut, il veut aussi rehausser son style, et mon discours se conforme à la majesté de la pensée : oubliant les règles étroites que

je m'étais prescrites, je m'élance dans les nuages, et ce n'est plus moi qui parle par ma bouche.

[1,16] « Sans entrer dans de plus longs détails, cette même faiblesse de bonne intention me suit dans toute ma conduite ; je crains d'y succomber à la longue ; ou, ce qui est plus inquiétant, de rester toujours suspendu sur le bord de l'abîme, et de finir par une chute plus funeste, peut-être, que celle que je prévois.

[1,17] Je pense que beaucoup d'hommes auraient pu parvenir à la sagesse, s'ils ne s'étaient flattés d'y être arrivés, s'ils ne se fussent dissimulé quelques-uns de leurs vices, ou si, à leurs yeux, quoique ouverts, les autres n'eussent pas échappé. Vous le savez, nous ne sommes pas pour nous-mêmes les moins dangereux flatteurs. Qui a osé se dire la vérité? quel homme, placé au milieu d'un troupeau de panégyristes et de courtisans, n'a pas lui-même enchéri sur tous leurs éloges ?

[1,18] « Je vous prie donc, si vous connaissez quelque remède qui puisse mettre un terme à mes hésitations, ne me croyez pas indigne de vous devoir ma tranquillité. Ces mouvements de l'âme n'ont rien de dangereux, rien qui puisse amener aucune perturbation, je le sais ; et pour vous exprimer, par une comparaison juste, le mal dont je me plains, ce n'est pas la tempête qui me tourmente, mais le mal de mer. Délivrez-moi donc de ce mal quel qu'il soit, et secourez le passager qui en souffre en vue du port. »

II

[2,1] Et moi aussi, je l'avoue, mon cher Serenus, depuis longtemps je cherche secrètement en moi-même à quoi peut ressembler cette pénible situation de mon âme ; et je ne saurais mieux la comparer qu'à l'état de ceux qui, revenus d'une longue et sérieuse maladie, ressentent encore quelques frissons et de légers malaises. Délivrés qu'ils sont des autres symptômes, ils se tourmentent de maux imaginaires ; quoique bien portants, ils présentent le pouls au médecin, et prennent pour de la fièvre la moindre chaleur du corps. Ces gens-là, Serenus, ne laissent pas d'être réellement guéris, mais ils ne sont pas encore accoutumés à la santé ; leur état ressemble à l'oscillation d'une mer tranquille ou d'un lac qui se repose d'une tempête.

[2,2] Ainsi vous n'avez plus besoin de ces remèdes violents, par lesquels nous avons passé, et qui consistent à faire effort sur vous-même, à vous gourmander, à vous stimuler fortement. Il ne vous faut plus que ces soins qui viennent en dernier, comme de prendre confiance en vous-même, de vous persuader que vous marchez dans la bonne voie, sans vous laisser détourner par les traces confuses de cette foule qui court çà et là sur vos pas, ou qui s'égare aux bords de la route que vous suivez.

[2,3] Ce que vous désirez est quelque chose de grand, de sublime, et qui vous rapproche de Dieu, c'est d'être inébranlable. Cette ferme assiette de l'âme, ap-

pelée chez les Grecs *euthumian*, et sur laquelle Démocrite a composé un excellent livre, moi, je la nomme tranquillité ; car il n'est point nécessaire de copier le mot grec et de le reproduire d'après son étymologie : la chose dont nous parlons doit être désignée par un mot qui ait la force du grec, et non sa forme.

[2,4] Nous cherchons donc à découvrir comment l'âme, marchant toujours d'un pas égal et sûr, peut être en paix avec elle-même, contempler avec joie dans un contentement que rien n'interrompe les biens qui lui sont propres, se maintenir toujours dans un état paisible, sans jamais s'élever ni s'abaisser. Telle est, selon moi, la tranquillité. Comment peut-on l'acquérir ? c'est ce que nous allons chercher d'une manière générale ; et ce sera un spécifique universel dont vous prendrez la dose que vous voudrez.

[2,5] En attendant nous allons mettre à découvert tous les symptômes du mal, afin que chacun puisse reconnaître sa part. Alors, du premier coup d'œil, vous comprendrez que, pour guérir ce dégoût de vous-même qui vous obsède, vous avez bien moins à faire que ceux qui, enchaînés à l'enseigne ambitieuse d'une fausse sagesse, et travaillés d'un mal qu'ils décorent d'un titre imposant, persistent dans ce rôle affecté, plutôt par mauvaise honte, que par leur volonté.

[2,6] Dans la même classe, il faut ranger et ceux qui, victimes de leur légèreté d'esprit, en butte à l'ennui, à un perpétuel changement d'humeur, regrettent tou-

jours l'objet qu'ils ont rejeté, et ceux qui languissent dans la paresse et dans l'inertie. Ajoutez-y ceux qui, tout à fait semblables à l'homme dont le sommeil fuit la paupière, se retournent, et se couchent tantôt sur un côté, tantôt sur un autre, jusqu'à ce que la lassitude leur fasse enfin trouver le repos : à force de refaire d'un jour à l'autre leur façon de vivre, ils s'arrêtent enfin à celle où les a surpris, non point le dégoût du changement, mais la vieillesse trop paresseuse pour innover. Ajoutez-y enfin ceux qui ne changent pas facilement leurs habitudes, non par constance, mais par paresse. Ils vivent, non point comme ils veulent, mais comme ils ont commencé.

[2,7] Le vice est infini dans ses variétés, mais uniforme en son résultat, qui consiste à se déplaire à soi-même. Cela naît de la mauvaise direction de l'âme, et des désirs qu'elle forme avec irrésolution ou sans succès ; car, ou l'on n'ose pas tout ce que l'on voudrait, ou on l'ose sans réussir ; et toujours l'on se trouve sous l'empire d'espérances trompeuses et mobiles ; état fâcheux, mais inévitable d'une âme qui ne conçoit que des désirs vagues, indéterminés. Toute la vie de certains hommes se passe dans une éternelle indécision ; ils s'instruisent et se forcent à des actions honteuses et pénibles ; et quand leur peine ne trouve point sa récompense, ils regrettent, avec amertume, un déshonneur sans profit ; ils sont fâchés d'avoir voulu le mal, mais de l'avoir voulu en vain.

[2,8] Alors ils se trouvent partagés entre le repentir d'avoir commencé et la crainte de recommencer ; également incapables d'obéir ou de commander à leurs désirs, ils se voient en butte à l'agitation d'un esprit engagé dans un dédale sans issue, à l'embarras d'une vie arrêtée, pour ainsi dire, dans son cours, et à la honteuse langueur d'une âme trompée dans tous ses vœux.

[2,9] Tous ces symptômes s'aggravent encore lorsque le dépit d'un malheur, si péniblement acheté, les jette dans le repos et dans les studieux loisirs de la retraite, qui sont incompatibles avec un esprit préoccupé des affaires publiques, tourmenté du besoin d'agir, inquiet par sa nature, ne peut trouver en lui-même aucune consolation de sorte que, se voyant privé des distractions que les affaires mêmes procurent aux gens occupés, on ne peut supporter sa maison, sa solitude, son intérieur ; et l'âme, livrée à elle-même, ne peut s'envisager.

[2,10] De là cet ennui, ce mécontentement de soi-même, cette agitation d'une âme qui ne se repose sur rien, enfin la tristesse et cette inquiète impatience de l'inaction ; et comme on n'ose avouer la cause de son mal, la honte fait refluer ces angoisses dans l'intérieur de l'âme ; et les désirs, renfermés à l'étroit dans un lieu sans issue, se livrent d'affreux combats. De là la mélancolie, les langueurs et les mille fluctuations d'une âme indécise, toujours en doute de ce qu'elle va faire, et mécontente de ce qu'elle a fait ; de là cette

malheureuse disposition à maudire son repos, à se plaindre de n'avoir rien à faire ; de là cette jalousie ennemie jurée des succès d'autrui. En effet, l'aliment le plus actif de l'envie, est l'oisiveté mécontente ; l'on voudrait voir tout le monde tomber parce qu'on n'a pu s'élever.

[2,11] Bientôt, de cette aversion pour les succès d'autrui, jointe au désespoir de pousser sa fortune, naît l'irritation d'une âme qui maudit le sort, qui se plaint du siècle, qui s'enfonce de plus en plus dans la retraite, qui se cramponne à son chagrin, le tout, parce qu'elle est ennuyée, excédée d'elle-même. De sa nature, en effet, l'esprit humain est actif et porté au mouvement : toute occasion de s'exciter et de se distraire lui fait plaisir, et plaît encore plus à tout esprit méchant, pour qui la variété des occupations est un frottement agréable. Certains ulcères, par le plaisir que l'attouchement leur cause, appellent la main qui les irrite ; les galeux aiment qu'on les gratte, bien qu'il doive leur en cuire : il en est de même, j'ose le dire, des âmes dans lesquelles les désirs ont fait éruption, comme des ulcères malins ; la peine et l'agitation leur procurent une sensation de plaisir.

[2,12] Il est aussi des mouvements qui, en causant quelque douleur au corps, font qu'il s'en trouve bien, comme de se retourner dans son lit, de s'étendre sur le côté qui n'est pas encore las, et de se rafraîchir par le changement de position. Tel l'Achille d'Homère se couchant tantôt sur le ventre, tantôt sur le dos, et ne

pouvant rester un moment dans la même attitude. C'est le propre de la maladie de ne pouvoir souffrir longtemps la même position, et de chercher, dans le changement, un remède.

[2,13] De là ces voyages que l'on entreprend sans but ; ces côtes que l'on parcourt ; cette mobilité qui, toujours ennemie du présent, tantôt essaie de la mer, tantôt de la terre. Maintenant il nous faut aller en Campanie. Bientôt ce séjour délicieux nous déplaît : il faut voir des pays incultes ; allons parcourir les bois du Brutium et de la Lucanie ; cherchons, parmi les déserts, quelque site agréable pour que nos yeux, avides de voluptueuses impressions, soient quelque peu récréés de l'aspect de tant de lieux arides. Bientôt Tarente et son port renommé nous appellent, et son climat si doux pendant l'hiver, et ses maisons dignes, par leur magnificence, de son antique population. Mais le moment est venu de diriger nos pas vers Rome ; trop longtemps nos oreilles ont été sans ouïr les applaudissements et le fracas du cirque : il nous tarde de voir couler le sang humain.

[2,14] Un voyage succède à l'autre, un spectacle remplace un autre spectacle ; et comme dit Lucrèce :
— Ainsi chacun se fuit soi-même.

Mais que sert de fuir, si l'on ne peut échapper ? Ne se suit-on pas soi-même ? n'est-on pas pour soi un compagnon toujours importun ?

[2,15] Aussi persuadons-nous bien que l'agitation qui nous travaille ne vient point des lieux, mais de nous.

Nous sommes trop faibles pour rien supporter : peine, plaisir, tout, jusqu'à nous-mêmes, nous est à charge. Aussi quelques-uns ont pris le parti de mourir, en voyant qu'à force de changer, ils revenaient toujours aux mêmes objets, parce qu'ils n'avaient plus rien de nouveau à éprouver. Le dégoût de la vie et du monde les a pris, et par leur bouche la volupté blasée a fait entendre ce cri de désespoir : « Quoi ! toujours la même chose ! »

III

[3,1] Contre cet ennui, tu me demandes quel remède il faut employer ? « Le meilleur serait, comme dit Athénodore, de chercher dans les affaires, dans le gouvernement de l'État, dans les devoirs de la vie civile, un moyen de se tenir en haleine. Car, comme il est des hommes qui passent toute la journée à faire de l'exercice en plein soleil, à prendre soin de leur corps, et que pour les athlètes, il est éminemment utile de consacrer à l'entretien de leurs bras et de cette force dont ils font profession, la plus grande partie de leur temps ; de même pour nous, qui nous destinons aux luttes politiques, n'est-il pas encore plus beau d'être toujours en haleine ? car celui qui se propose de se rendre utile à ses concitoyens et à tous les mortels, trouve beaucoup à s'exercer et à profiter, lorsque, dans les emplois, il administre, avec tout le zèle dont il est capable, les intérêts publics et privés.

[3,2] Mais, continue Athénodore, au milieu d'un tel conflit d'intrigues et de cabales, parmi cette foule de calomniateurs accoutumés à donner un mauvais tour aux actions les plus droites, la simplicité du cœur n'est guère en sûreté ; elle doit s'attendre à rencontrer plus d'obstacles que de moyens de réussir. Il faut donc s'éloigner du forum et des fonctions publiques. « Mais, même dans le foyer domestique, une grande âme a où se déployer ; et comme la férocité des lions et des autres animaux ne diminue point sous les bar-

reaux de leur loge, l'activité de l'homme ne fait que redoubler au sein de la retraite.

[3,3] On ne le verra point s'ensevelir dans un repos ni dans une solitude tellement absolus, qu'il ait abjuré tout désir de se rendre utile à tous et à chacun, par ses talents, par ses paroles, par son expérience. Il n'est pas seul à servir la république celui qui produit des candidats, qui défend des accusés, qui délibère sur la guerre et sur la paix ; mais instruire la jeunesse, et, dans une si extrême disette de sages précepteurs, former les âmes à la vertu, et quand, d'une course précipitée, elles se ruent sur le luxe et sur les richesses, savoir les saisir d'une main ferme et les ramener, ou du moins ralentir quelque peu leur élan, n'est-ce pas là, sans sortir de chez soi, faire les affaires du public ?

[3,4] « Je le demande, le préteur, juge entre les citoyens et les étrangers, ou le préteur urbain qui prononce à tous venants les arrêts dont un assesseur lui dicte la formule, fait-il plus pour la chose publique que celui qui enseigne ce que c'est que la justice, la piété, le courage, le mépris de la mort, la connaissance des dieux, et tout le prix d'une bonne conscience ?

[3,5] Ainsi donc, consacrer à ces études un temps dérobé aux fonctions publiques, ce n'est point déserter son poste, ni manquer à ses devoirs. Le service militaire que réclame la patrie ne consiste pas seulement à combattre au front de l'armée, à défendre l'aile droite ou l'aile gauche ; mais garder les portes du

camp, et, préposé à un poste moins périlleux, et non point inutile, faire sentinelle ou veiller à la sûreté du magasin d'armes, c'est là s'acquitter de fonctions qui, bien qu'elles n'exposent pas la vie du soldat, n'en sont pas moins des services réels.

[3,6] « En vous livrant à l'étude, vous échappez à tous les dégoûts de l'existence : jamais les ennuis de la journée ne vous feront soupirer après la nuit ; vous ne serez pas à charge à vous-même, et inutile aux autres ; vous vous ferez beaucoup d'amis, et tout homme de bien voudra vous connaître, car jamais la vertu, quoique obscure, ne demeure cachée ; sa présence toujours se trahit par les signes qui lui sont propres : quiconque est digne d'elle saura la trouver à la trace ;

[3,7] si nous rompons en visière avec la société, si nous renonçons à tout le genre humain, et que nous vivions uniquement concentrés en nous-mêmes, le résultat de cet isolement, de cette indifférence sur toutes choses sera bientôt une absence complète d'occupation. Nous nous mettrons alors à bâtir, à abattre, à envahir sur la mer par nos constructions, à élever des eaux en dépit de la difficulté des lieux, et à mal dépenser le temps que la nature nous a donné pour en faire un bon usage.

[3,8] « Ce temps, quelques-uns de nous en sont économes ; d'autres en sont prodigues : les uns le dépensent de façon à s'en rendre compte ; les autres, sans pouvoir en justifier l'emploi. Aussi rien n'est plus

honteux qu'un homme avancé en âge, qui, pour prouver qu'il a longtemps vécu, n'a d'autres témoins que ses années.

IV

[4,1] Pour moi, mon cher Serenus, je suis d'avis qu'Athénodore a trop accordé à l'empire des circonstances, et s'est trop tôt condamné à la retraite ; non que je nie qu'il ne faille quelque jour se retirer, mais insensiblement, d'un pas lent, en conservant ses enseignes et avec tous les honneurs de la guerre : il y a plus de gloire et de sûreté à ne se rendre à l'ennemi, que les armes à la main.

[4,2] Telle est, suivant moi, la conduite que doit tenir le sage, ou celui qui aspire à la sagesse. Si la fortune l'emporte et lui ôte les moyens d'agir, on ne le verra point tourner incontinent le dos, fuir en jetant ses armes, et chercher quelque refuge, comme s'il était au monde aucun lieu à l'abri des atteintes de la fortune ; mais il se livrera aux affaires avec plus de réserve, et mettra son discernement à choisir quelque autre moyen de servir la patrie.

[4,3] Ne le peut-il les armes à la main ? qu'il tourne ses vues vers les honneurs civils. Est-il réduit à la vie privée : qu'il se fasse avocat. Le silence lui est-il commandé ? qu'il offre à ses concitoyens sa muette assistance. Ne peut-il sans danger se présenter au barreau? que dans les relations privées, dans les spectacles, à table, il soit d'un commerce sûr, ami fidèle, convive tempérant. Si les fonctions de citoyen lui sont interdites, qu'il s'acquitte de celles d'un homme.

[4,4] Aussi dans la hauteur de notre philosophie, au lieu de nous renfermer dans les murs d'une cité,

sommes-nous entrés en communication avec le monde entier, et avons-nous adopté l'univers pour patrie, afin de donner à notre vertu une plus vaste carrière. Le siége de juge vous est interdit, la tribune aux harangues vous est fermée ? Regardez derrière vous : que de vastes régions, que de peuples qui vous accueilleront ! jamais si grande partie de la terre ne vous sera interdite, qu'il ne vous en soit laissé une encore plus grande.

[4,5] Mais prenez garde que cette exclusion ne vienne entièrement de votre faute. Vous ne voulez prendre part aux affaires publiques que comme consul, prytane, céryx ou suffète. Peut-être aussi ne voulez-vous aller à l'armée que comme général en chef ou tout au moins comme tribun de légion ? Encore que les autres soient au premier rang, et que le sort vous ait rejeté parmi les triaires, vous combattrez par vos discours, vos exhortations, votre exemple, votre courage. Même avec les mains coupées, on peut encore dans le combat servir son parti, en gardant son rang, en animant les autres par ses cris.

[4,6] Vous rendrez un service analogue, si, quand la fortune vous aura écarté des premières places de l'État, vous ne laissez pas de vous tenir ferme et d'élever la voix pour la chose publique. Mais on vous serre la gorge ? n'en demeurez pas moins ferme et servez-la par votre silence. Quoi que fasse un bon citoyen, sa peine n'est jamais perdue ; ses oreilles, ses regards,

son visage, ses gestes, sa muette et passive résistance, sa présence seule, tout est utile.

[4,7] Il est des remèdes salutaires qu'on n'avale ni n'applique, et dont l'effet s'opère par l'odorat ; ainsi la vertu fait sentir son utile influence, même de loin et du fond de sa retraite ; qu'elle puisse en liberté s'étendre et user de ses droits ; qu'elle n'ait qu'un accès précaire, et se trouve forcée de replier ses voiles ; qu'elle soit réduite à l'inaction et au silence, renfermée à l'étroit, ou en toute liberté, dans toutes les situations possibles, elle sert toujours. Eh quoi ! regarderiez-vous comme sans utilité, l'exemple d'un vertueux loisir.

[4,8] La méthode, sans contredit la plus sage, est de mêler le repos aux affaires, toutes les fois que l'activité de votre vie se trouve arrêtée, soit par des obstacles fortuits, soit par l'état même de la république. Car jamais toutes les approches de la carrière ne sont si bien fermées, qu'il ne reste aucune voie pour quelque action estimable.

V

[5,1] Trouvez-moi une ville plus malheureuse que ne le fut Athènes, déchirée par trente tyrans ? Treize cents citoyens, élite des gens de bien, avaient péri victimes de leur fureur ; mais tant d'exécutions, loin d'assouvir leur soif de sang, n'avaient fait que l'irriter. Cette ville possédait l'Aréopage, le plus vénérable des tribunaux ; elle avait un sénat auguste, enfin un peuple digne de son sénat ; et cependant chaque jour elle voyait siéger la sombre assemblée de ses bourreaux, et sa malheureuse curie se trouvait trop étroite pour ses tyrans. Quel repos pouvait-il y avoir pour une cité qui comptait autant de tyrans que de satellites ? Nul espoir de recouvrer la liberté ne pouvait s'offrir aux âmes généreuses. Point d'apparence de soulagement contre une pareille réunion de maux ; dans cette pauvre cité, d'où auraient pu surgir assez d'Harmodius ?

[5,2] Toutefois Athènes possédait Socrate ; il consolait les sénateurs éplorés ; il relevait le courage de ceux qui désespéraient de la république ; et aux riches, qui craignaient pour leurs trésors, il reprochait un regret trop tardif de cette avarice qui les avait plongés dans l'abîme ; enfin aux citoyens disposés à l'imiter, il montrait un grand exemple, en marchant libre au milieu de trente despotes.

[5,3] Cependant cette même Athènes le fit mourir en prison : il avait pu braver impunément la troupe des tyrans ; Athènes, rendue à la liberté, ne put supporter

la liberté de ce grand homme. Vous voyez donc que, même dans une république opprimée, le sage ne manque point d'occasions de se montrer ; et que, dans la cité la plus heureuse et la plus florissante, l'avarice, l'envie et mille autres vices dominent même sans armes.

[5,4] Ainsi, selon que la situation de la république ou de notre fortune le permettra, nous nous lancerons à pleines voiles dans les affaires, on nous modérerons notre course ; jamais nous ne resterons immobiles, et la crainte n'enchaînera point nos bras. Et celui-là se montrera véritablement homme, qui, voyant les périls menacer de toutes parts, les armes et les chaînes s'agiter autour de lui, saura ne point briser témérairement sa vertu contre les écueils, ni la cacher lâchement. Tel n'est pas son devoir ; il doit se conserver, mais non point s'enterrer vivant.

[5,5] C'est, je crois, Curius Dentatus qui a dit : « Qu'il aimait mieux être mort que de vivre comme s'il l'était. » Le pire de tous les maux est de cesser avant sa mort d'être compté au nombre des vivants. Or, voici ce qu'il faut faire : êtes-vous venu dans un temps où il est peu sûr de prendre part aux affaires publiques ? livrez-vous de préférence au repos et aux lettres ; et, tout comme vous feriez étant sur mer, gagnez incontinent le port ; n'attendez pas que les affaires vous quittent, mais sachez les quitter de vous-même.

VI

[6,1] Nous devons premièrement nous considérer nous-mêmes ; puis les affaires que nous voulons entreprendre ; enfin ceux dans l'intérêt desquels et avec lesquels il nous faudra les traiter.

[6,2] Avant tout, il faut bien apprécier nos forces, parce que très souvent nous pensons pouvoir au delà de ce dont nous sommes capables. L'un se perd par trop de confiance en son éloquence ; un autre impose à son patrimoine des dépenses qui en excèdent les ressources ; un troisième exténue son corps débile sous le poids de fonctions trop pénibles.

[6,3] La timidité de ceux-ci les rend peu propres aux affaires civiles, qui demandent une assurance imperturbable ; la fierté de ceux-là ne peut être de mise à la cour ; il en est aussi qui ne peuvent maitriser leur colère, et le moindre emportement leur suggère des paroles imprudentes ; d'autres ne sauraient contenir leur esprit railleur, ni retenir un bon mot dont ils auront à se repentir. À tous ces gens-là le repos convient mieux que les affaires : un esprit altier et peu endurant doit fuir toutes les occasions de se donner carrière à son détriment.

[6,4] Il faut considérer si vos dispositions naturelles vous rendent plus propre à l'activité des affaires qu'aux loisirs de l'étude et de la méditation ; puis diriger vos pas là où vous porte votre génie. Isocrate prenant Éphore par la main, le fit sortir du barreau, le croyant plus propre à écrire l'histoire. Ils ne rendent

jamais ce qu'on espère d'eux, les esprits qu'on veut contraindre : et vainement l'on travaille contre le vœu de la nature.

[6,5] Il faut ensuite juger les affaires que nous voulons entreprendre et comparer nos forces avec nos projets ; car la puissance d'action doit toujours l'emporter sur la force de résistance ; tout fardeau, plus fort que celui qui le porte, finit nécessairement par l'accabler.

[6,6] Il est encore des affaires qui, assez peu considérables en elles-mêmes, deviennent le germe fécond de mille autres. Or, il faut fuir ces sortes d'occupations d'où nait et renaît sans cesse quelque soin nouveau. On ne doit point s'approcher d'un lieu d'où l'on ne puisse librement revenir. N'entreprenez donc que les affaires que vous pourrez terminer, ou du moins dont vous espérez voir la fin ; abandonnez celles qui se prolongent à mesure qu'on y travaille, et qui ne finissent pas là où vous l'espériez.

[6,7] Il faut également bien choisir les hommes, et nous assurer s'ils sont dignes que nous leur consacrions une partie de notre vie, et s'ils profiteront de ce sacrifice de notre temps. Il en est qui nous croient trop heureux de leur rendre service.

[6,8] « Je n'irais pas même souper chez un homme qui ne croirait pas m'en avoir obligation, » disait Athénodore. Vous concevez bien aussi, je pense, qu'il serait encore moins allé chez ceux qui, avec une invitation à diner, prétendent reconnaître les services de

leurs amis et comptent les mets de leur table pour un congiaire, comme si c'était faire honneur aux autres que de se montrer intempérants. Éloignez d'eux les témoins et les spectateurs, une orgie secrète n'aura pour eux aucun attrait.

VII

[7,1] Toutefois, il n'est rien qui puisse donner plus de contentement à l'âme qu'une amitié tendre et fidèle. Quel bonheur de rencontrer des cœurs bien préparés, auxquels vous puissiez, en toute assurance, confier tous vos secrets, qui soient, à notre égard, plus indulgents que nous-mêmes, qui charment nos ennuis par les agréments de leur conversation, fixent nos irrésolutions par la sagesse de leurs conseils, dont la bonne humeur dissipe notre tristesse, dont la seule vue enfin, nous réjouisse ! Mais il faut, autant que possible, choisir des amis exempts de passions, car le vice se glisse sourdement dans nos cœurs ; il se communique par le rapprochement ; c'est un mal contagieux.

[7,2] En temps de peste, il faut bien se garder d'approcher les individus malades, et qui déjà sont atteints du fléau, parce que nous gagnerions leur mal, et que leur haleine seule pourrait nous infecter ; ainsi, quand nous voudrons faire choix d'un ami, nous mettrons tous nos soins à nous adresser à l'âme la moins corrompue. C'est un commencement de maladie, que de mettre les personnes saines avec les malades ; non que j'exige de vous de ne rechercher que le sage, de ne vous attacher qu'à lui : hélas ! où le trouverez-vous, celui que nous cherchons depuis tant de siècles ? Pour le meilleur, prenons le moins méchant.

[7,3] À peine auriez-vous pu vous flatter de faire un choix plus heureux, si, parmi les Platon, les Xénophon, et toute cette noble élite sortie du giron de Socrate, vous eussiez cherché des hommes de bien ; ou si vous pouviez revenir à ce siècle de Caton, qui produisit sans doute des personnages dignes de naître au temps de Caton, mais aussi autant de scélérats, autant de machinateurs de grands crimes qu'on en ait jamais vu. Il fallait en effet, et des uns et des autres ; pour que Caton pût être connu, il devait avoir et des gens de bien pour obtenir leur approbation, et des méchants pour mettre sa vertu à l'épreuve. Mais aujourd'hui qu'il y a si grande disette de gens de bien, faisons le choix le moins mauvais possible.

[7,4] Évitons surtout les gens moroses qui se chagrinent de tout, et pour qui tout est un sujet de plainte. Quelque fidèle, quelque dévoué que soit un ami, un compagnon, toujours troublé, toujours gémissant, n'en est pas moins le plus grand ennemi de notre tranquillité.

VIII

[8,1] Passons aux richesses patrimoniales, qui sont la source des plus grandes misères de l'humanité : comparez tous les autres maux qui nous tourmentent, la pensée de la mort, les maladies, la crainte, les regrets, la douleur et les travaux, avec les maux que l'argent nous fait éprouver, vous trouverez que de ce côté l'emporte la balance.

[8,2] En réfléchissant d'abord combien le chagrin de n'avoir pas est plus léger que celui de perdre ce qu'on a, nous comprendrons que les tourments de la pauvreté sont d'autant moindres, qu'elle a moins à perdre. C'est une erreur de penser que les riches souffrent plus patiemment que les pauvres des dommages qu'ils reçoivent : les grands corps sentent aussi bien que les petits la douleur de blessures.

[8,3] Bion a dit avec esprit : « Ceux qui ont une belle chevelure, ne souffrent pas plus volontiers que les chauves qu'on leur arrache les cheveux. » Tenez donc pour certain que chez les riches comme chez les pauvres, le regret de la perte est le même ; pour les uns comme pour les autres, leur argent leur tient si fort à l'âme, qu'on ne peut le leur arracher sans douleur. Il est donc plus facile et plus supportable, comme je l'ai dit, de n'avoir rien acquis que d'avoir perdu ce que l'on possède : aussi les personnes que la fortune n'a jamais regardées d'un air favorable, vous paraîtront toujours plus gaies que celles qu'elle a abandonnées.

[8,4] Diogène, qui avait certainement une grande âme, l'avait bien compris ; et il s'arrangea de manière à ce qu'on ne pût lui rien ôter. Appelez cela pauvreté, dénûment, misère, et donnez à cet état de sécurité la qualification avilissante que vous voudrez, je ne cesserai de croire à la félicité de Diogène, que quand vous pourrez m'en montrer quelque autre qui n'ait rien à perdre. Je suis bien trompé, si ce n'est être roi que de vivre parmi des avares, des faussaires, des larrons, des receleurs d'esclaves, et d'être le seul à qui ils ne puissent faire tort.

[8,5] Douter de la félicité de Diogène, ce serait douter aussi de la condition et de l'état des dieux immortels, et croire qu'ils ne sont pas heureux, parce qu'ils ne possèdent ni métairies, ni jardins, ni champs fertilisés par un colon étranger, ni capitaux rapportant gros intérêts sur la place. Quelle honte de s'extasier à la vue des richesses ! Jetez les yeux sur cet univers, vous verrez les dieux nus, donnant tout, et ne se réservant rien. Est-ce donc, à votre avis, devenir pauvre que de se rendre semblable aux dieux en se dépouillant des biens de la fortune ?

[8,6] Estimez-vous plus heureux que Diogène, Démétrius, l'affranchi de Pompée, qui n'eut pas honte d'être plus opulent que son maître ? Chaque jour on lui présentait la liste de ses esclaves, comme à un général, l'effectif de son armée ; lui qui aurait dû se trouver riche avec deux substituts et un bouge moins étroit.

[8,7] Mais Diogène n'avait qu'un seul esclave, et qui s'échappa : on lui dit où était cet homme ; mais il ne crut pas qu'il valût la peine de le reprendre. « Il serait, dit-il, honteux pour moi que Manès pût se passer de Diogène, et que Diogène ne pût se passer de Manès. » C'est comme s'il eût dit « O fortune ! va faire ailleurs de tes tours : tu ne trouveras rien chez Diogène, qui puisse être à toi. Mon esclave s'est enfui ; que dis-je ? il s'en est allé libre. »

[8,8] Une nombreuse suite d'esclaves demande le vêtement, la nourriture ; il faut remplir le ventre de tant d'animaux affamés ; il faut leur acheter des habits ; il faut avoir l'œil sur tant de mains rapaces ; il faut tirer service de tant d'êtres qui détestent et déplorent leur condition. Oh ! combien est plus heureux l'homme qui ne doit rien qu'à celui qui peut toujours refuser, c'est-à-dire à lui-même ! Nous sommes sans doute éloignés de tant de perfection : tâchons du moins de borner notre avoir, afin d'être moins exposés aux injures de la fortune. Les hommes de petite taille ont plus de facilité à se couvrir de leurs armes, que ces grands corps qui débordent le rang, et présentent de toutes parts leur surface aux blessures. La vraie mesure des richesses consiste à nous affranchir du besoin, sans nous trop éloigner de la pauvreté.

IX

[9,1] Cette mesure nous plaira, si nous avons du goût pour l'économie,

sans laquelle les plus grandes richesses ne suffisent pas, et avec laquelle on a toujours assez, d'autant plus que l'économie est une ressource à notre portée : elle peut même, avec le secours de la frugalité, convertir la pauvreté en richesse.

[9,2] Accoutumons-nous à éloigner de nous le faste, et recherchons en toutes choses l'usage, et non point l'éclat extérieur. Ne mangeons que pour apaiser la faim ; ne buvons que pour la soif ; que nos appétits charnels n'aillent pas au delà du vœu de la nature ; apprenons à nous servir de nos jambes pour marcher, et dans tout ce qui a rapport à notre vêtement et à notre subsistance, ne consultons pas les nouvelles modes, mais conformons-nous aux mœurs de nos ancêtres : Apprenons à devenir chaque jour plus continents ; à bannir le luxe, à dompter la gourmandise, à surmonter la colère, à envisager la pauvreté d'un œil calme, à pratiquer la frugalité, quand même nous aurions de la honte à satisfaire aux besoins naturels par des moyens peu coûteux ! enfin à ces folles espérances, à ces vœux désordonnés qui s'élancent dans l'avenir, sachons imposer d'insurmontables limites, et accoutumons-nous à attendre nos richesses de nous, plutôt que de la fortune.

[9,3] On ne pourra jamais, je dois le reconnaître, si bien prévenir les variables et injustes caprices du sort,

qu'on n'ait encore à essuyer bien des tourmentes quand on a beaucoup de vaisseaux en mer. Il faut concentrer son avoir sur un petit espace, pour que les traits de la fortune tombent à côté. Il est parfois arrivé que les exils et d'autres catastrophes ont eu l'effet de remèdes salutaires ; et de légères disgrâces ont guéri de grands maux, alors qu'un esprit rebelle aux préceptes n'était pas susceptible d'un traitement plus doux. Mais pourquoi ces adversités ne lui seraient-elles pas utiles ? car si la pauvreté, l'ignominie, la perte de son existence sociale doivent lui advenir, c'est un mal qui combat un autre mal. Accoutumons-nous donc à pouvoir souper sans un peuple d'assistants et de convives, à nous faire servir par moins d'esclaves, à ne porter des habits que pour l'usage qui les a fait inventer, à être logés plus à l'étroit. Ce n'est pas seulement dans les courses et dans les luttes du Cirque ; mais dans la carrière de la vie qu'il faut savoir se replier sur soi-même.

[9,4] Les dépenses occasionnées par les études, et qui sont les plus honorables de toutes, ne me paraissent raisonnables qu'autant qu'elles sont modérées. Que me font ces milliers de livres, ces bibliothèques innombrables, dont, pour lire les titres, toute la vie de leurs propriétaires suffirait à peine ? Cette multiplicité des livres est plutôt une surcharge qu'un aliment pour l'esprit ; et il vaut mieux s'attacher à peu d'auteurs, que d'égarer, sur cent ouvrages, son attention capricieuse.

[9,5] Quatre cent mille volumes, superbe monument d'opulence royale, ont été la proie des flammes à Alexandrie. Que d'autres s'appliquent à vanter cette bibliothèque appelée par Tite-Live le chef-d'œuvre du goût et de la sollicitude des rois. Je ne vois là ni goût, ni sollicitude : je vois un luxe littéraire , que dis-je, littéraire ? ce n'étaient pas les lettres, mais l'ostentation qu'avaient eue en vue les auteurs de cette collection. Ainsi, tel homme, qui n'a pas même cette teinture des lettres qu'on exige dans les esclaves, a des livres qui, sans jamais servir à ses études, sont là pour l'ornement de sa salle à manger. Qu'on se borne donc à acheter des livres pour son usage, et non pour la montre.

[9,6] Il est plus honnête, direz-vous, d'employer ainsi son argent, qu'en vases de Corinthe et en tableaux. En toutes choses l'excès est un vice. Pourquoi cette indulgence exclusive pour un homme qui, tout glorieux de ses armoires de cèdre et d'ivoire, recherchant les ouvrages d'auteurs inconnus ou méprisés, bâille au milieu de ces milliers de livres, et met tout son plaisir dans leurs titres et dans leurs couvertures ?

[9,7] Chez les hommes les plus paresseux, vous trouverez la collection complète des orateurs et des historiens, et des rayons de tablettes élevés jusqu'aux combles. Aujourd'hui les bains mêmes et les thermes sont garnis d'une bibliothèque : c'est l'ornement obligé de toute maison. Je pardonnerais cette manie, si

elle venait d'un excès d'amour pour l'étude ; mais aujourd'hui, on ne se met en peine de rechercher les chefs-d'œuvre et les portraits de ces merveilleux et divins esprits, que pour en parer les murailles.

X

[10,1] Mais vous vous êtes trouvé jeté dans un genre de vie pénible, et sans qu'il y ait de votre faute ; des malheurs publics, ou personnels, vous ont imposé un joug que vous ne pouvez délier ni briser. Songez alors que ceux qui sont enchaînés ont d'abord de la peine à supporter la pesanteur et la gêne de leurs fers ; mais dès qu'une fois, renonçant à une fureur impuissante, ils ont pris le parti de souffrir patiemment ces entraves, la nécessité leur apprend à les porter avec courage, et l'habitude légèrement. On peut, dans toutes les situations de la vie, trouver des agréments, des compensations et des plaisirs, à moins que vous ne préfériez vous complaire dans une vie misérable, au lieu de la rendre digne d'envie.

[10,2] Le plus grand des services que nous ait rendus la nature, c'est que, sachant à combien de misères nous étions prédestinés, elle a placé pour nous l'adoucissement de tous les maux dans l'habitude, qui bientôt nous familiarise avec les choses les plus pénibles. Nul ne pourrait y résister, si la vivacité du sentiment, qu'excitent en nous les premiers coups de l'adversité, ne s'émoussait à la longue.

[10,3] Nous sommes tous liés à la fortune ; les uns par une chaîne d'or et assez lâche ; les autres, par une chaîne serrée et de métal grossier. Mais qu'importe ? la même prison renferme tous les hommes ; et ceux qui nous ont enchaînés portent aussi leurs fers, à moins que l'on ne trouve plus légère la chaîne

qui charge la main gauche de son gardien. Les uns sont enchaînés par l'ambition, les autres par l'avarice celui-ci trouve dans sa noblesse, et celui-là dans son obscurité, une chaîne également pesante ; il en est qui sont asservis à des maîtres étrangers, d'autres sont leurs tyrans à eux-mêmes. Ainsi que l'exil, les sacerdoces enchaînent au même lieu ; toute existence est un esclavage.

[10,4] Il faut donc nous faire à notre condition, nous en plaindre le moins possible, et profiter de tous les avantages qu'elle peut offrir. Il n'en est point de si dure en laquelle un esprit judicieux ne puisse trouver quelque soulagement. Souvent l'espace le plus étroit, grâce au talent de l'architecte, a pu s'étendre à plusieurs usages, et une habile ordonnance peut rendre le plus petit coin habitable. Opposez la raison à tous les obstacles : corps durs, espaces étroits, fardeaux pesants, l'industrie sait tout amollir, étendre, allégir.

[10,5] Il ne faut pas d'ailleurs porter nos désirs sur des objets éloignés ; ne les laissons aller que sur ce qui est près de nous, puisque nous ne pouvons entièrement les renfermer en nous-mêmes. Renonçons donc à l'impossible, à ce qui ne peut qu'à grande peine s'obtenir ; ne cherchons que ce qui, se trouvant à notre portée, doit encourager nos espérances : mais n'oublions pas que toutes choses sont également frivoles, et que, malgré la diversité de leur apparence extérieure, elles ne sont toutes au fond que vanité. Ne portons pas envie à ceux qui sont plus élevés que

nous : ce qui nous paraît élévation, n'est souvent que le bord d'un abîme.

[10,6] Quant à ceux que la fortune perfide a placés dans ce lieu glissant, ils assureront leur sûreté en dépouillant leur grandeur de ce faste qui lui est naturel, et en ramenant, autant qu'ils le pourront, leur fortune au niveau de la plaine. Il en est beaucoup qui, par nécessité, sont enchaînés à leur grandeur ; ils n'en pourraient descendre sans tomber ; ils sont là pour témoigner que le plus lourd fardeau qui pèse sur eux est de se voir contraints à être à charge aux autres, au-dessus desquels ils ne sont pas élevés, mais attachés. Que par leur justice, leur mansuétude, une autorité douce, des manières gracieuses, ils se préparent des ressources pour le sort qui les attend ; cet espoir calmera leurs craintes au bord du précipice.

[10,7] Rien ne pourra mieux les assurer, contre ces grandes tempêtes qui s'élèvent dans l'intérieur de l'âme, que d'imposer toujours quelque limite à l'accroissement de leur grandeur ; d'ôter à la fortune la faculté de les quitter à sa fantaisie, et de s'arrêter d'eux-mêmes en deçà du terme. Cette conduite n'empêchera pas peut-être l'aiguillon de quelques désirs de se faire sentir à leur âme ; mais ils seront bornés, et ne pourront l'entraîner à l'aventure dans des espaces infinis.

XI

[11,1] C'est aux gens d'une sagesse et d'une instruction imparfaites et médiocres que mon discours s'adresse, et non pas au sage. Pour lui, ce n'est point d'un pas timide et lent qu'il doit marcher ; telle doit être sa confiance en lui-même, qu'il ne craindra pas d'aller, au-devant de la fortune, et que jamais il ne reculera devant elle. Et en quoi pourrait-il craindre, puisque, non-seulement ses esclaves, ses propriétés, ses dignités, mais son corps, ses yeux, ses mains, et tout ce qui pourrait l'attacher à la vie, sa personne en un mot, ne sont à ses yeux que des biens précaires ? Il vit comme par bénéfice d'emprunt, prêt à restituer, sans regret, aussitôt qu'il en sera requis ;

[11,2] non qu'il s'en estime moins pour cela, mais il sait qu'il ne s'appartient pas ; et il fera toutes choses avec autant de soin, de circonspection et de scrupule, qu'un homme consciencieux et probe chargé d'un dépôt.

[11,3] Quand le moment de la restitution sera venu, il ne se répandra pas en plaintes contre la fortune ; mais il dira : « Je te rends grâce de ce que tu as mis en ma disposition ; il est vrai que ce n'est pas sans de fortes avances que j'ai administré tes biens ; mais, puisque tu l'ordonnes, je te les remets volontiers et avec reconnaissance. Veux-tu me laisser conserver quelque autre bien qui t'appartienne, je saurai encore le garder : si tu en décides autrement, voici mon or, mon argenterie, ma maison, mes esclaves, je te les res-

titue. » Sommes-nous appelés par la nature, qui fut notre premier créancier, nous lui dirons aussi : « Reprends une âme meilleure que tu ne me l'avais confiée : je ne tergiverse ni ne recule ; je te remets volontairement un bien que tu m'avais confié alors que je ne pouvais en avoir l'intelligence : emporte-le. »

[11,4] Retourner au lieu d'où l'on est parti, qu'y a-t-il là de si terrible ? On vit mal quand on ne sait pas bien mourir. La vie est la première chose dont il faut rabaisser le prix, et l'existence doit être aussi regardée comme une servitude. « Parmi les gladiateurs, dit Cicéron, nous prenons en haine ceux qui tâchent d'obtenir la vie par toutes sortes de moyens ; nous nous intéressons à ceux qui témoignent du mépris pour elle. » Ainsi de nous ; souvent la crainte qu'on a de mourir devient une cause de mort.

[11,5] La fortune, qui se donne à elle-même des jeux, dit aussi : « Pourquoi t'épargnerais-je, être méchant et timide ? tes blessures seront d'autant plus nombreuses et plus profondes, que tu ne sais pas tendre la gorge. Pour toi, tu vivras plus longtemps, et tu subiras une mort plus prompte, toi qui, devant le glaive, ne retires point ton cou en arrière et ne tends point les mains, mais qui l'attends avec courage. »

[11,6] Craindre toujours la mort, c'est ne jamais faire acte d'homme vivant : mais celui qui sait, qu'au moment même où il fut conçu, son arrêt fut porté, saura vivre selon la loi de la nature, et trouvera ainsi la

même force d'âme à opposer aux événements dont aucun pour lui ne sera jamais imprévu. Car, en pressentant de bien loin tout ce qui peut arriver, il amortira les premiers coups du malheur. Pour l'homme, qui y est préparé et qui l'attend, le malheur n'a rien de nouveau ; ses atteintes ne sont pénibles qu'à ceux qui, vivant en sécurité, n'envisagent que le bonheur dans l'avenir.

[11,7] La maladie, la captivité, la chute ou l'incendie de ma maison, rien de tous ces maux n'est inattendu pour moi : je savais bien dans quel logis, bruyant et tumultueux, la nature m'avait confiné. Tant de fois, dans mon voisinage, j'ai entendu le dernier adieu adressé aux morts ; tant de fois, devant ma porte, j'ai vu les torches et les flambeaux précéder des funérailles prématurées. Souvent a retenti à mes oreilles le fracas d'un édifice qui s'écroulait. Et combien de personnes sortant avec moi du barreau, du sénat, d'un entretien, ont été emportées dans la nuit ! Combien la mort a, dans leur étreinte, séparé de mains unies par la confraternité ! M'étonnerais-je de me voir quelquefois atteint par des dangers qui n'ont jamais cessé de planer autour de moi ?

[11,8] La plupart des hommes toutefois, quand ils se mettent en mer, ne songent point à la tempête. Jamais, quand j'y trouve une chose bonne, je ne me ferai faute d'alléguer un assez mauvais auteur. Publius, dont l'énergie surpassait celle de tous les poëtes tragiques et comiques, toutes les fois qu'il voulut renon-

cer à ses plates bouffonneries et à ses quolibets faits pour les dernières classes du peuple, a dit, entre autres mots, non-seulement plus relevés que la comédie ne le comporte, mais au-dessus même de la gravité du cothurne : « Ce qui advient à quelqu'un, peut advenir à tous. » Si l'on pouvait jusqu'au fond de l'âme se pénétrer de cette vérité, et se représenter que tous les maux qui arrivent aux autres, chaque jour et en si grand nombre, ont le chemin libre pour parvenir jusqu'à nous, on serait armé avant que d'être attaqué. Il est trop tard, pour fortifier son âme contre le péril, quand le péril est en présence.

[11,9] « Je ne pensais pas que cela pût arriver ! je n'aurais jamais cru cet événement possible ! Et pourquoi non ? Quelles sont les richesses à la suite desquelles ne marchent point la pauvreté, la faim et la mendicité ? Quelle dignité, dont la robe prétexte, le bâton augural et la chaussure patricienne, ne soient accompagnés de souillures, de bannissement, de notes infamantes, de mille flétrissures, et du dernier mépris ? Quelle couronne n'est point menacée de sa chute, de sa dégradation, d'un maître et d'un bourreau ? Et, pour un tel changement, il ne faut pas un bien long intervalle : un seul moment suffit pour tomber du trône aux genoux du vainqueur.

[11,10] Sachez donc que toute condition est sujette au changement et que ce qui arrive à tout autre peut vous arriver aussi. Vous êtes opulent ; mais êtes-vous plus riche que Pompée ? Cependant, lorsque, grâce à leur

ancienne parenté, Caïus, hôte de nouvelle espèce, lui eut ouvert le palais de César en lui fermant sa propre maison, Pompée manqua de pain et d'eau. Bien qu'il fût propriétaire de fleuves qui avaient leur source et leur embouchure dans ses terres, il fut réduit à mendier l'eau des gouttières, et périt de faim et de soif dans le palais de son parent, tandis que son héritier faisait prix pour les funérailles publiques de ce pauvre affamé.

[11,11] Vous êtes parvenu au faite des dignités ? En avez-vous d'aussi hautes, d'aussi inespérées, d'aussi nombreuses que Séjan ? Eh bien ! le jour même que le sénat lui avait fait cortège jusqu'à sa maison, le peuple le déchira en pièces ; et de ce ministre, sur lequel les dieux et les hommes avaient accumulé toutes les faveurs qui peuvent se prodiguer, il ne resta rien que le bourreau pût traîner aux Gémonies.

[11,12] Vous êtes roi : je ne vous renverrai pas à Crésus qui, sur l'ordre d'un vainqueur, monta sur son bûcher, et en vit éteindre les flammes, survivant ainsi à son royaume, et même à sa mort : je ne vous citerai pas Jugurtha qui, dans la même année, fit trembler le peuple romain, et lui fut donné en spectacle. Mais Ptolémée, roi d'Afrique, et Mithridate, roi d'Arménie, nous les avons vus dans les fers de Caïus ; l'un fut exilé, l'autre eût désiré qu'on le renvoyât libre sur sa parole. Dans ces vicissitudes continuelles d'élévation et d'abaissement, si vous ne regardez pas tout ce qui est possible comme devant vous arriver un jour,

vous donnez contre vous des forces à l'adversité, dont on ne manque jamais de triompher quand on sait la prévoir.

XII

[12,1] L'essentiel ensuite est de ne point se tourmenter pour des objets ou par des soins superflus ; c'est-à-dire, de ne point convoiter ce que nous ne pouvons avoir ; et quand nous avons obtenu ce que nous désirions, de ne pas trop tard en reconnaitre, à notre grande confusion, toute la vanité : en un mot, que nos efforts ne soient ni sans objet, ni sans résultat, et que ce résultat ne soit point au-dessous de nos efforts. En effet, on regrette presque autant de n'avoir point réussi, que d'avoir à rougir du succès.

[12,2] Retranchons les allées et venues si ordinaires à ces hommes qu'on voit se montrer alternativement dans les cercles, au théâtre, dans les tribunaux : grâce à leur manie de se mêler des affaires d'autrui, ils ont toujours l'air occupé. Demandez-vous à l'un d'eux sortant de chez lui : « Où allez-vous ? quel est votre projet aujourd'hui ? » Il vous répondra: « Je n'en sais vraiment rien ; mais je verrai du monde, je trouverai bien quelque chose à faire. »

[12,3] Ils courent çà et là sans savoir pourquoi, quêtant des affaires, ne faisant jamais celles qu'ils avaient projetées, mais celles que l'occasion vient leur offrir. Leurs courses sont sans but, sans résultat, comme celles des fourmis qui grimpent sur un arbre ; montées jusqu'au sommet sans rien porter, elles en descendent à vide. Presque tous ces désœuvrés mènent une vie toute semblable à celle de ces insectes, et l'on

pourrait à bon droit appeler leur existence une oisiveté active.

[12,4] Quelle pitié d'en voir quelques-uns courir comme pour éteindre un incendie, coudoyant ceux qui se trouvent sur leur passage ; tombant, et faisant tomber les autres avec eux ! Cependant, après avoir bien couru, soit pour saluer quelqu'un qui ne leur rendra pas leur salut, soit pour suivre le cortège d'un défunt qu'ils ne connaissaient pas, soit pour assister au jugement obtenu par un plaideur de profession, soit pour être témoins des fiançailles d'un homme qui change souvent de femmes, soit enfin pour grossir le cortège d'une litière qu'au besoin eux-mêmes porteraient, ils rentrent enfin au logis accablés d'une inutile fatigue : ils protestent qu'ils ne savent pas eux-mêmes pourquoi ils sont sortis, où ils sont allés ; et demain on les verra recommencer les mêmes courses.

[12,5] Que toute peine donc ait un but, un résultat : ces occupations futiles produisent, sur ces prétendus affairés, le même effet que les chimères sur l'esprit des aliénés ; car ceux-ci même ne se remuent point sans être poussés par quelque espoir ; ils sont excités par des apparences dont leur esprit en délire ne leur permet pas de connaître le peu de réalité.

[12,6] Il en est de même de tous ceux qui ne sortent que pour grossir la foule : les motifs les plus vains et les plus légers les promènent d'un bout de la ville à l'autre ; et sans qu'ils aient rien à faire au monde, l'aurore les chasse de chez eux. Enfin, après s'être

heurtés en vain à plusieurs portes, et confondus en salutations auprès de maints nomenclateurs, dont plus d'un a refusé de les faire entrer, la personne qu'ils trouvent le plus difficilement au logis, c'est eux-mêmes.

[12,7] De ce travers, naît un vice des plus odieux : la manie d'écouter tout ce qui se dit, la curiosité pour les secrets publics et privés, la connaissance d'une foule d'anecdotes qu'on ne peut sans péril ni rapporter ni entendre.

[13,1] C'est sans doute à ce propos que Démocrite a dit : « Pour vivre tranquille, il faut embrasser peu d'affaires publiques ou privées. » Il entendait vraisemblablement par là les affaires inutiles : car celles qui sont nécessaires, tant dans l'ordre politique que dans l'ordre civil, on doit s'y livrer sans réserve et sans en limiter le nombre : mais dès qu'un devoir spécial ne nous y oblige point, il faut nous abstenir de toute démarche.

XIII

[13,2] Souvent, en effet, plus on agit, plus on donne sur soi-même de prise à la fortune ; le plus sûr est de la mettre rarement à l'épreuve, ensuite de penser toujours à son inconstance, et de ne point compter sur sa loyauté. Je m'embarquerai, si rien ne m'en empêche ; je serai préteur, si rien n'y met obstacle, et telle affaire réussira, si rien ne vient à la traverse.

[13,3] Voilà ce qui nous fait dire que rien n'arrive au sage contre son attente ; nous ne l'avons pas soustrait aux malheurs, mais aux faux calculs que font les autres hommes : si ce n'est pas selon ses vœux que toutes choses lui arrivent, c'est du moins selon ses prévisions ; enfin, avant tout, il a prévu que ses projets rencontreraient quelque obstacle. Nul doute que le mauvais succès d'une entreprise ne cause à l'âme moins de déplaisir et de douleur, quand on ne s'est pas flatté de réussir.

XIV

[14,1] Nous devons aussi nous rendre faciles, et ne point nous attacher trop vivement à nos projets : sachons passer dans la route où le sort nous mène ; ne craignons pas les changements dans nos plans et dans notre condition, mais n'allons pas tomber dans la légèreté, ce vice essentiellement ennemi de notre repos. En effet, si ce ne peut être sans un déplorable tourment d'esprit que l'opiniâtreté se voit presque toujours en butte aux mécomptes de la fortune, bien pire encore est la légèreté qui ne peut jamais compter sur elle-même. Ce sont deux excès également contraires à la tranquillité, de ne pouvoir ni changer de condition, ni rien souffrir.

[14,2] Il faut donc que l'âme, entièrement à soi-même, se détache de tous les objets extérieurs ; qu'elle prenne confiance en soi ; qu'autant que possible elle cherche en soi-même sa joie ; qu'elle n'estime que ses propres biens ; se retire de tous ceux qui lui sont étrangers ; se replie sur elle-même, devienne insensible aux perles, et prenne en bonne part jusqu'à l'adversité.

[14,3] On vint annoncer à notre Zénon que tous ses biens avaient péri dans un naufrage : « La fortune, dit-il, veut que je me livre à la philosophie avec plus de liberté d'esprit. » Un tyran menaçait Théodore le philosophe de le faire mourir, et de le priver de sépulture. « Tu peux te donner ce plaisir, reprit Théodore ; j'ai une pinte de sang à ton service. Quant à

ma sépulture, quelle folie à toi de penser qu'il m'importe en rien de pourrir dans le sein de la terre ou à sa surface ! »

[14,4] Canus Julius, un des plus grands hommes qui aient existé, et dont la gloire n'a point souffert d'être né même dans ce siècle, venait d'avoir une longue altercation avec Caligula ; comme il s'en allait, le nouveau Phalaris lui dit : « Ne vous flattez pas au moins d'une folle espérance, j'ai donné l'ordre de votre supplice. » « Grâces vous soient rendues, très excellent prince ! »

[14,5] Qu'entendait-il par ce mot ? Je ne sais trop ; car il me présente plusieurs sens. Voulait-il adresser à Caïus une sanglante invective, et peindre toute la cruauté d'une tyrannie sous laquelle la mort était un bienfait ? Voulait-il lui reprocher cette furieuse démence, qui obligeait à lui rendre grâce, et ceux dont il tuait les enfants, et ceux dont il ravissait les biens ? Ou bien acceptait-il volontiers la mort comme un affranchissement ? Quel que soit le sens qu'on donne à sa réponse, elle partait du moins d'une grande âme.

[14,6] On va me dire : « Mais Caligula aurait pu le laisser vivre. « Canus n'avait pas cette crainte ; il savait trop bien que pour donner de pareils ordres on pouvait compter sur la parole du tyran. Croiriez-vous que les dix jours d'intervalle qui s'écoulèrent jusqu'à son supplice, Canus les passa sans aucune inquiétude ? Les discours, les actions, la profonde tran-

quillité de ce grand homme vont au delà de toute vraisemblance.

[14,7] Il faisait une partie d'échecs, lorsque le centurion, qui conduisait au supplice une foule d'autres victimes, vint l'avertir ; Canus compta ses points, et dit à son partenaire : « Au moins, après ma mort, n'allez pas vous vanter de m'avoir gagné. » Puis, s'adressant au centurion : « Soyez témoin que j'ai l'avantage d'un point. » Croyez-vous que Canus fût si fort occupé de son jeu ? Non, mais il se jouait de son bourreau.

[14,8] Ses amis étaient consternés de perdre un tel homme : « Pourquoi cette tristesse ? leur dit-il. Vous êtes en peine de savoir si les âmes sont immortelles ; je vais savoir à quoi m'en tenir. » Et jusqu'au dernier moment, il ne cessa de chercher la vérité, et de demander à sa propre mort la solution de ce problème.

[14,9] Il était suivi d'un philosophe attaché à sa personne ; et déjà il approchait de l'éminence où chaque jour on offrait des sacrifices à César notre dieu : « À quoi pensez-vous maintenant, lui demanda le philosophe, et quelle idée vous occupe ? Je me propose, répondit-il, d'observer, dans ce moment si court, si je sentirai mon âme s'en aller. » Puis il promit, s'il découvrait quelque chose, de venir trouver ses amis pour les informer de ce que devenait l'âme.

[14,10] Voilà ce qui s'appelle de la tranquillité au milieu de la tempête ! Est-elle assez digne de l'immor-

talité, cette âme qui, dans ce fatal passage, cherche un moyen de connaître la vérité ; qui, placée sur l'extrême limite de la vie, interroge son dernier souffle qui s'exhale, et ne veut pas seulement étudier jusqu'à la mort, mais dans la mort même ! Personne n'a jamais philosophé plus longtemps. Mais il ne faut pas quitter brusquement un si grand homme, à qui l'on ne saurait accorder trop d'estime et trop de louanges. Oui, nous te recommanderons à la postérité la plus reculée, illustre victime, dont la mort tient une si grande place parmi les forfaits de Caligula.

XV

[15,1] Mais rien ne servirait de s'être mis à l'abri de tous les motifs personnels de tristesse, si parfois la misanthropie s'emparait de votre âme, en voyant le crime partout heureux, la candeur si rare, l'innocence si peu connue, la bonne foi si négligée quand elle est sans profit, les gains et les prodigalités de la débauche également odieux ; enfin, l'ambition si effrénée que, se méconnaissant elle-même, elle cherche son éclat dans la bassesse. Alors une sombre nuit environne notre âme, et dans cet anéantissement des vertus impossibles à trouver chez les autres, et nuisibles à celui qui les a, elle se remplit de doute et d'obscurité.

[15,2] Pour nous détourner de ces idées, faisons en sorte que les vices des hommes ne nous paraissent pas odieux, mais ridicu- les ; et sachons imiter Démocrite plutôt qu'Héraclite. Le pre- mier ne se montrait jamais en public sans pleurer ; le second, sans rire. L'un, dans tout ce que font les hommes, ne voyait que misère ; le second, qu'ineptie. Il faut donc attacher peu d'importance à toutes choses, et ne nous passionner pour aucune. Il est plus conforme à l'humanité de se moquer des choses de la vie que d'en gémir.

[15,3] Ajoutez que mieux vaut pour le genre humain s'en moquer, que se lamenter à son sujet. L'homme qui rit de ses semblables laisse du moins place à l'espérance ; et c'est sottement qu'on déplore ce qu'on désespère de jamais amender ; enfin, à tout bien

considérer, il est d'une âme plus haute de ne pouvoir s'empêcher de rire, que de s'abandonner aux larmes. Dans le premier cas, l'âme n'est affectée que bien légèrement, et ne voit rien de grand, de raisonnable, ni de sérieux dans tout l'appareil de la vie humaine.

[15,4] Qu'on prenne l'une après l'autre toutes les occasions qui peuvent nous attrister ou nous réjouir, et l'on reconnaîtra combien est vrai ce mot de Bion : « Toutes les affaires qui occupent les hommes sont de vraies comédies, et leur vie n'est ni plus honnête ni plus sérieuse que les vains projets qu'ils conçoivent dans leur pensée".

[15,5] Mais il est plus sage de supporter doucement les déréglements publics et les vices de l'humanité, sans se laisser aller ni aux rires ni aux larmes ; car se tourmenter des maux d'autrui, c'est se rendre éternellement malheureux ; s'en réjouir est un plaisir cruel ;

[15,6] comme aussi, c'est montrer une compassion inutile, que de pleurer et de composer son visage, parce qu'un homme va mettre son fils en terre. De même, dans vos chagrins personnels, n'accordez à la douleur que ce que réclame la raison, et non le préjugé ou la coutume. La plupart des hommes versent des larmes pour qu'on les voie couler : leurs yeux deviennent secs dès qu'il n'y a plus de témoin ; ils auraient honte de ne point pleurer lorsque tout le monde pleure. La mauvaise habitude de se régler sur l'opinion d'autrui est si profondément enracinée, que le plus naturel de tous les sentiments, la douleur, a aussi son affectation.

== XVI. ==

[16,1] Vient ensuite un autre motif de chagrin, sans doute assez fondé, et bien capable de nous jeter dans l'anxiété ; ce sont les disgrâces qui frappent les gens de bien. Ainsi Socrate est forcé de mourir en prison ; Rutilius, de vivre dans l'exil ; Pompée et Cicéron, de tendre la gorge au poignard d'un client ; Caton enfin, ce modèle achevé de la vertu, d'immoler la république du même coup dont il se perce le sein. Ne devons-nous pas nous plaindre de ce que la fortune donne de si cruelles récompenses ? et que pourra-t-on espérer pour soi, lorsqu'on voit les plus affreux malheurs tomber en partage aux plus pures vertus ?

[16,2] Que faut-il donc faire ? Voir d'abord comment ces grands hommes ont souffert ces infortunes : si c'est en héros, enviez leur courage ; si c'est avec faiblesse et lâcheté qu'ils ont péri, leur perte est indifférente. Ou leur vertueuse fermeté mérite votre admiration, ou leur lâcheté ne mérite pas vos regrets. Ne serait-il pas honteux que la mort courageuse d'un grand homme nous rendît timides et pusillanimes ?

[16,3] Louons plutôt en lui un héros digne à jamais de nos éloges, et disons : « D'autant plus heureux que vous avez montré plus de courage, vous voilà délivré des malheurs de l'humanité, de l'envie, de la maladie. Vous voilà sorti de la prison. Les dieux, loin de vous exposer aux indignités de la mauvaise fortune, vous ont jugé digne d'être désormais à l'abri de ses

traits. » Mais, pour ceux qui veulent se soustraire à ses coups, et qui, entre les bras de la mort, ramènent leurs regards vers la vie, il faut user de violence pour les contraindre à franchir le pas.

[16,4] Je ne pleurerai pas plus à la vue d'un homme joyeux, qu'en voyant tout autre pleurer. Le premier sèche mes larmes ; le second, par ses pleurs, se rend indigne des miens. Quoi ! je pleurerais Hercule, qui se brûle tout vif ; Regulus, percé de mille pointes aiguës ; Caton, rouvrant lui-même ses plaies ? Ils ont échangé un court espace de temps contre une vie qui ne finira jamais, la mort a été pour eux un passage à l'immortalité.

XVII

[17,1] Il est une autre source assez féconde d'inquiétudes et de soins, c'est de se contrefaire, de ne jamais montrer un visage naturel, comme nous voyons maintes gens dont toute la vie n'est que feinte et dissimulation. Quel tourment que cette perpétuelle attention sur soi-même, et cette crainte d'être aperçu sous un aspect différent de celui sous lequel on se montre d'habitude ! Point de relâche pour celui qui s'imagine qu'on ne le regarde jamais qu'avec l'intention de le juger. En effet, maintes circonstances viennent, malgré nous, nous démasquer. Dût cette surveillance sur soi-même avoir tout le succès qu'on en attend, quel agrément, quelle sécurité peut-il y avoir dans une vie qui se passe tout entière sous le masque ?

[17,2] Au contraire, combien est semée de jouissances une simplicité vraie, qui n'a pas d'autre ornement qu'elle-même, et qui ne jette aucun voile sur ses mœurs ! Toutefois cette manière de vivre encourt le mépris, si elle se montre sur tous les points trop à découvert : car les hommes admirent peu ce qu'ils voient de trop près. Mais ce n'est point la vertu qui court le danger de perdre de son prix en se montrant aux regards ; mieux vaut être méprisé pour sa candeur, que continuellement tourmenté du soin de dissimuler. Il faut, à cet égard, un juste milieu ; car il est bien différent de vivre simplement ou avec trop d'abandon.

[17,3] Il est bon de se retirer souvent en soi-même ; la fréquentation des gens qui ne nous ressemblent pas trouble le calme de l'esprit, réveille les passions, et rouvre les plaies de notre âme, s'il y est encore quelques parties faibles et à peine cicatrisées. Il faut donc entremêler les deux choses, et chercher tour à tour la solitude et le monde. La solitude nous fera désirer la société, et le monde de revenir à nous-mêmes : l'une et l'autre se serviront de remède. La retraite adoucira notre misanthropie, et la société dissipera l'ennui de la solitude.

[17,4] Il ne faut pas non plus tenir toujours l'esprit tendu ; il est bon de l'égayer quelquefois par des amusements. Socrate ne rougissait pas de jouer avec des enfants, et Caton cherchait dans le vin une distraction à son esprit fatigué des affaires publiques. Scipion, ce héros triomphateur, s'exerçait à la danse, non point en prenant des attitudes pleines de mollesse qui, par le temps qui court, rendent la démarche des hommes cent fois plus affectée que celle des femmes ; mais avec la contenance de nos anciens héros, lorsqu'aux jours de fête ils menaient une danse héroïque, en telle façon qu'ils eussent pu, sans inconvénient, avoir pour spectateurs les ennemis mêmes de la patrie.

[17,5] Il faut donner du relâche à l'esprit : ses forces et son ardeur se remontent par le repos. Aux champs fertiles on n'impose pas le tribut d'une récolte, parce que leur fécondité, toujours mise à contribution, fini-

rait par s'épuiser ; ainsi, un travail trop assidu éteint l'ardeur des esprits. Le repos et la distraction leur redonnent des forces. De la trop grande continuité de travaux, naissent l'épuisement et la langueur.

[17,6] L'on ne verrait pas les hommes se livrer avec tant d'ardeur aux divertissements et aux jeux, si la nature n'y avait attaché un plaisir dont il ne faut pas abuser, sous peine de faire perdre

à l'esprit toute sa gravité et tout son ressort. Le sommeil est nécessaire pour réparer nos forces, mais vouloir le prolonger et la nuit et le jour, ce serait une vraie mort. Il est bien différent de relâcher, ou de détendre.

[17,7] Les législateurs ont institué des jours de fêtes, afin que les hommes, rassemblés pour ces réjouissances, trouvassent à leurs travaux un délassement, une interruption nécessaire. Et de grands personnages, m'a-t-on dit, se donnaient chaque mois quelques jours de vacance ; d'autres même partageaient chaque journée entre le repos et les affaires. Je me souviens entre autres, qu'Asinius Pollion, ce fameux orateur, ne s'occupait plus d'aucune affaire passé la dixième heure ; dès lors il ne lisait pas même ses lettres, de peur qu'elles ne fissent naître pour lui quelque nouveau soin ; mais durant ces deux heures, il se délassait de la fatigue de toute la journée. D'autres, partageant le jour par la moitié, ont réservé l'après-midi pour les affaires de moindre importance. Nos ancêtres ne voulaient point que, passé la dixième

heure, on ouvrît dans le sénat aucune délibération nouvelle. Les gens de guerre répartissent entre eux le service de nuit, et ceux qui reviennent d'une expédition ont leur nuit franche.

[17,8] L'esprit demande des ménagements ; il faut lui accorder un repos qui soit comme l'aliment réparateur de ses forces épuisées. La promenade dans des lieux découverts, sous un ciel libre et au grand air, récrée et retrempe l'esprit. Quelquefois un voyage en litière et le changement de lieu, comme aussi quelque excès dans le manger et dans le boire, lui redonnent une nouvelle vigueur : parfois même on peut aller jusqu'à l'ivresse, non pour s'y plonger, mais pour y trouver un excitant ;

elle dissipe les chagrins et réveille la faculté de l'âme, et entre autres maladies guérit la tristesse. On a donné le nom de Liber à l'inventeur du vin, non parce qu'il provoque la licence des paroles, mais parce qu'il délivre l'âme du joug des chagrins, qu'il lui donne de l'assurance, une vie nouvelle, et l'enhardit à toutes sortes d'entreprises.

[17,9] Mais il en est du vin comme de la liberté ; il faut en user avec modération. On a dit de Solon et d'Arcesilaüs qu'ils aimaient le vin : on a aussi reproché l'ivrognerie à Caton ; mais on me persuadera plus facilement que l'ivrognerie est une vertu, que de me faire croire que Caton ait pu se dégrader à ce point. Quoi qu'il en soit, c'est un remède dont il ne faut pas user trop souvent pour ne point en contracter

une mauvaise habitude ; néanmoins il faut quelquefois exciter l'âme à la joie et à la liberté, et faire pour l'amour d'elle quelque trêve à une sobriété trop sévère.

[17,10] S'il faut en croire un poëte grec : « Il est quelquefois agréable de perdre la raison. » Platon n'a-t-il pas dit : « Jamais homme de sens rassis ne s'est fait ouvrir le temple des Muses ; » et Aristote : « Point de grand génie sans un grain de folie. »

[17,11] L'âme ne peut rien dire de grand et qui soit au-dessus de la portée commune, si elle n'est fortement émue. Mais quand elle a dédaigné les pensées vulgaires et les routes battues, elle ose, en son délire sacré, s'élever dans l'espace ; alors ce sont accents divins qu'elle fait entendre par une bouche mortelle. L'âme ne peut atteindre à rien de sublime, à rien qui soit d'un difficile accès, si elle n'est comme transportée hors de soi ; il faut qu'elle s'écarte de la route battue : qu'elle s'élance, et que, mordant son frein, elle entraîne son guide, et le transporte en des lieux que, livré à lui-même, il eût craint d'escalader.

[17,12] Tels sont, mon cher Serenus, les moyens que l'on peut employer pour rétablir et pour conserver la tranquillité de l'esprit, comme pour combattre à leur naissance les vices qui pourraient la troubler. Mais songez bien qu'aucun de ces moyens n'est assez puissant ni assez fort pour maintenir un bien si fragile, si nous n'exerçons une surveillance continuelle sur notre âme toujours prête à se laisser entraîner.